Direction éditoriale : Virginie Grandval
Édition : Marion de Rouvray
Fabrication : Marie Guibert

Collection conçue et réalisée par Marie-Aline Bawin
Texte et Illustrations : Marie-Aline Bawin

Loi n° 49-956 du 16 juillet 1949
sur les publications destinées à la jeunesse
Dépôt légal : janvier 2016
Imprimé en Espagne par Edelvives
N° d'édition : M16017
ISBN : 978-2-7404-3212 9 - MDS : 592129

Tom fait du foot

À Thomas.
Aux joueurs de foot de la famille ;
qu'ils soient sur le terrain ou devant la télévision !

M.-A.B.

Tom fait du foot

Illustrations de Marie-Aline Bawin
Texte d'Élisabeth de Lambilly

MANGO *JEUNESSE*

– Viens voir, Inès,
tout ce que papa m'a acheté,

c'est un équipement
de footballeur... un vrai...

... j'ai un short rouge et un maillot rayé,
comme celui de mon équipe préférée...

Inès rouspète : elle voudrait avoir tout comme moi.
— Montre aussi tes protège-tibias, ajoute Papa.

C'est enfin mercredi ! Je suis en tenue depuis ce matin.
Hugo est déjà là. C'est mon meilleur copain. Il y a Louis aussi.
Louis, c'est mon voisin. Mais je l'aime un peu moins...

Je vois aussi des filles !
— Tu crois qu'elles sont dans mon groupe ?
Je demande tout bas à Papa.

Thomas, l'entraîneur, nous montre les buts et les limites du terrain.
Je suis un peu déçu : je ne vois pas de ballon.

Thomas poursuit :
— Avant de jouer, il faut bien s'échauffer.
Allez, on court autour du terrain.
Il siffle : c'est parti !

Avec Hugo, on fait la course. On essaye de rattraper Simon.
Il court vite et on s'essouffle.

Au deuxième tour, Simon s'arrête, il a un point de côté.
– Hé, Tom, fait Hugo, elle nous a dépassés...

Après, il faut lever les genoux
le plus haut possible...

... taper ses fesses avec son talon...

... même courir sur le côté, comme les crabes
quand je les poursuis sur la plage !

Thomas nous fait faire encore un exercice.
Pour apprendre à bien conduire le ballon, il faut le pousser
en suivant un parcours sans qu'il ne s'échappe. Je me demande vraiment
quand on va commencer le match...

Cette fois, je crois qu'on va pouvoir jouer. Pas trop tôt !
Thomas distribue des dossards à l'équipe adverse.
– Moi, dit Hugo, je préfère qu'on voie
mon maillot. C'est le même que
celui de Dazine !

Je demande à Thomas si je peux avoir le ballon.
– Non, c'est moi ! crie Louis.
Mais je l'ai demandé en premier ! Thomas nous arrête :
– On va tirer à pile ou face.

Face ! Chouette, c'est moi qui ai la balle.
Je cours, c'est sûr, je vais marquer un but.

Bruno tire mon maillot
pour me ralentir.
– Hé, t'as pas le droit !

Hugo arrive pour me défendre.
– T'es un gros tricheur !

Moi, je continue à courir avec le ballon.
Je suis presque arrivé. Mais Paki m'a rattrapé !
Il me fait un croche-pied pour m'empêcher de marquer.

Après, je me retrouve par terre avec lui. J'ai la tête qui tourne un peu.
Victoria rapporte le ballon tandis que Paki se relève.
– C'est plutôt des protège-fesses qu'il faudrait mettre...

— Alors, il faut appeler les pompiers ? fait Thomas en riant.
Il nous réunit tous autour de lui :
— Quand on joue au foot, il y a des règles à respecter.
Si je montre un carton jaune à un joueur, c'est un avertissement,
si c'est un carton rouge, il est disqualifié, il n'a plus droit de jouer.
Et rappelez-vous que le but du jeu n'est pas de gagner seul, mais en équipe.

Allez, on reprend le match.
Cette fois, c'est Zoé qui a le ballon. Pour une fille, elle est très forte.
Alors, avec Hugo et Simon, on la colle pour essayer de lui reprendre la balle.
– Faites des passes, dispersez-vous ! crie Thomas qui nous suit.

Quand Zoé passe le ballon à Antoine,
j'essaie de l'intercepter... raté !
J'ai shooté dans le vide !

Oh là là ! Antoine se rapproche de notre but !
Il tape fort dans le ballon...
qui retombe dans les bras de Marco, notre gardien de but.
Vive Marco ! On a eu chaud !

Marco a renvoyé le ballon le plus loin possible.
Avec Hugo, on court super vite pour l'attraper.

Hugo l'a eu. Et hop ! il me fait une passe.
Vite, je prends le ballon et Louis m'encourage au passage.
Zoé n'est pas contente :
– Arrête, il n'est même pas dans notre équipe !

Je suis essoufflé, mais je cours, je cours. Et là, je suis devant le but.
Alors je prends mon élan et je tire de toutes mes forces.
BUT !
Je lève les bras en criant « Hourra ! ».
C'est comme ça qu'ils font les champions à la télé.

Papa et Inès me regardent au bord du terrain.
Inès applaudit.
– Tu as vu mon but, Papa !

Le samedi d'après, j'ai le droit de regarder le match à la télé.
Soudain je bondis :
– Oh, il a essayé de lui faire un croche-pied !
Et j'ajoute :
– Coup franc !
Je connais les règles maintenant.

Dans la même collection...

et aussi…

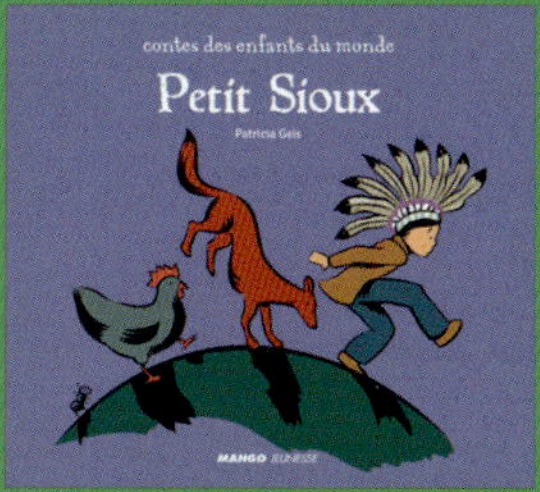
contes des enfants du monde
Petit Sioux
Patricia Geis

contes des enfants du monde
Petite Masaï
Patricia Geis

contes des enfants du monde
Petit Inuit
Patricia Geis

contes des enfants du monde
Petite Berbère
Patricia Geis

Tadao Miyamoto
Ma maman et moi

Mon papa et moi
Tadao Miyamoto

Ne te laisse pas faire Petit Ours !
Michalis Kountouris
Myrto Nielsen

Yoko Yamazaki • Yoko Imoto
Georges cherche un ami

Lionel Koechlin
À L'ÉCOLE DE L'ALPHABET

Lionel Koechlin
LES VACANCES DE L'ALPHABET

Lionel Koechlin
UN ET SES AMIS
1 2 3

BONNE NUIT, PETIT GORILLE
Peggy Rathmann